TRANZLATY

Language is for everyone

Езикът е за всички

Aladdin and the Wonderful Lamp

Аладин и чудната лампа

Antoine Galland
Антоан Галан

English / Български

Copyright © 2025 Tranzlaty
All rights reserved
Published by Tranzlaty
ISBN: 978-1-83566-914-3
Original text by Antoine Galland
From *"Les mille et une nuits"*
First published in French in 1704
Taken from The Blue Fairy Book
Collected and translated by Andrew Lang
www.tranzlaty.com

Once upon a time there lived a poor tailor
Живял някога един беден шивач
this poor tailor had a son called Aladdin
този беден шивач имаше син на име Аладин
Aladdin was a careless, idle boy who did nothing
Аладин беше небрежно, безделно момче, което не правеше нищо
although, he did like to play ball all day long
но той обичаше да играе топка по цял ден
this he did in the streets with other little idle boys
това правеше по улиците с други малки безделници
This so grieved the father that he died
Това толкова наскърби бащата, че той умря
his mother cried and prayed, but nothing helped
майка му плачеше и се молеше, но нищо не помогна
despite her pleading, Aladdin did not mend his ways
въпреки нейните молби, Аладин не се оправи
One day, Aladdin was playing in the streets, as usual
Един ден Аладин свиреше по улиците, както обикновено
a stranger asked him his age
непознат го попита за възрастта му
and he asked him, "are you not the son of Mustapha the tailor?"
и той го попита: "Не си ли син на шивача Мустафа?"
"I am the son of Mustapha, sir," replied Aladdin
"Аз съм син на Мустафа, сър", отговори Аладин
"but he died a long time ago"
"но той почина отдавна"
the stranger was a famous African magician
непознатият беше известен африкански магьосник
and he fell on his neck and kissed him
и той падна на врата му и го целуна
"I am your uncle," said the magician
— Аз съм ти чичо — каза магьосникът
"I knew you from your likeness to my brother"
"Познавах те по подобието ти на брат ми"
"Go to your mother and tell her I am coming"

„Иди при майка си и й кажи, че идвам"
Aladdin ran home and told his mother of his newly found uncle
Аладин изтича вкъщи и разказа на майка си за новооткритите си чичо
"Indeed, child," she said, "your father had a brother"
"Наистина, дете", каза тя, "баща ти имаше брат"
"but I always thought he was dead"
"но винаги съм мислил, че е мъртъв"
However, she prepared supper for the visitor
Въпреки това тя приготви вечеря за посетителя
and she bade Aladdin to seek his uncle
и тя нареди на Аладин да потърси чичо си
Aladdin's uncle came laden with wine and fruit
Чичото на Аладин дойде, натоварен с вино и плодове
He fell down and kissed the place where Mustapha used to sit
Той падна и целуна мястото, където седеше Мустафа
and he bid Aladdin's mother not to be surprised
и той нареди на майката на Аладин да не се изненадва
he explained he had been out of the country for forty years
той обясни, че е бил извън страната от четиридесет години
He then turned to Aladdin and asked him his trade
След това се обърна към Аладин и го попита какъв е занаятът
but the boy hung his head in shame
но момчето сведе глава от срам
and his mother burst into tears
и майка му избухна в сълзи
so Aladdin's uncle offered to provide food
така че чичото на Аладин предложи да осигури храна
The next day he bought Aladdin a fine set of clothes
На следващия ден той купи на Аладин хубав комплект дрехи
and he took him all over the city
и той го разведе из целия град
he showed him the sights of the city

той му показа забележителностите на града
at nightfall he brought him home to his mother
на свечеряване той го доведе у дома при майка му
his mother was overjoyed to see her son so well dressed
майка му беше извънредно щастлива да види сина си толкова добре облечен
The next day the magician led Aladdin into some beautiful gardens
На следващия ден магьосникът заведе Аладин в красиви градини
this was a long way outside the city gates
това беше дълъг път извън градските порти
They sat down by a fountain
Седнаха до една чешма
and the magician pulled a cake from his girdle
и магьосникът извади торта от пояса си
he divided the cake between the two of them
той раздели тортата между тях двамата
Then they journeyed onward till they almost reached the mountains
След това продължиха напред, докато почти стигнаха планините
Aladdin was so tired that he begged to go back
Аладин беше толкова уморен, че помоли да се върне
but the magician beguiled him with pleasant stories
но магьосникът го подмамил с приятни истории
and he led him on in spite of his laziness
и той го поведе въпреки мързела му
At last they came to two mountains
Най-после стигнаха до две планини
the two mountains were divided by a narrow valley
двете планини били разделени от тясна долина
"We will go no farther," said the false uncle
„Няма да отидем по-далече", каза фалшивият чичо
"I will show you something wonderful"
"Ще ти покажа нещо прекрасно"
"gather up sticks, while I kindle a fire"

"събирай пръчки, докато аз запаля огън"
When the fire was lit the magician threw a powder on it
Когато огънят беше запален, магьосникът хвърли върху него прах
and he said some magical words
и той каза няколко магически думи
The earth trembled a little and opened in front of them
Земята леко потрепери и се отвори пред тях
a square flat stone revealed itself
разкри се квадратен плосък камък
and in the middle of the stone was a brass ring
а в средата на камъка имаше месингов пръстен
Aladdin tried to run away
Аладин се опита да избяга
but the magician caught him
но магьосникът го хвана
and gave him a blow that knocked him down
и му нанесе удар, който го повали
"What have I done, uncle?" he said, piteously
— Какво направих, чичо? - каза той жално
the magician said more kindly, "Fear nothing, but obey me"
магьосникът каза по-мило, "Не се страхувай от нищо, но ми се подчинявай"
"Beneath this stone lies a treasure which is to be yours"
"Под този камък се крие съкровище, което трябва да бъде ваше"
"and no one else may touch this treasure"
"и никой друг не може да докосне това съкровище"
"so you must do exactly as I tell you"
"така че трябва да правиш точно както ти казвам"
At the mention of treasure Aladdin forgot his fears
При споменаването на съкровището Аладин забрави страховете си
he grasped the ring as he was told
той хвана пръстена, както му беше казано
and he said the names of his father and grandfather
и каза имената на баща си и дядо си

The stone came up quite easily
Камъкът излезе доста лесно
and some steps appeared in front of them
и пред тях се появиха някакви стъпки
"Go down," said the magician
— Слез долу — каза магьосникът
"at the foot of those steps you will find an open door"
"в подножието на тези стъпала ще намерите отворена врата"
"the door leads into three large halls"
"вратата води в три големи зали"
"Tuck up your gown and go through the halls"
"Вдигни си роклята и мини през коридорите"
"make sure not to touch anything"
"уверете се, че не докосвате нищо"
"if you touch anything, you will instantly die"
"ако докоснеш нещо, веднага ще умреш"
"These halls lead into a garden of fine fruit trees"
„Тези зали водят към градина с прекрасни овощни дървета"
"Walk on until you reach a gap in the terrace"
„Вървете, докато стигнете до пролука в терасата"
"there you will see a lighted lamp"
"там ще видите запалена лампа"
"Pour out the oil of the lamp"
„Излейте маслото от светилника"
"and then bring me the lamp"
"и тогава ми донеси лампата"
He drew a ring from his finger and gave it to Aladdin
Той извади пръстен от пръста си и го даде на Аладин
and he bid him to prosper
и той му заръча да просперира
Aladdin found everything as the magician had said
Аладин намери всичко, както беше казал магьосникът
he gathered some fruit off the trees
той събра малко плодове от дърветата
and, having got the lamp, he arrived at the mouth of the cave

и след като взе лампата, той стигна до входа на пещерата
The magician cried out in a great hurry
Магьосникът извика много бързо
"Make haste and give me the lamp"
"Побързай и ми дай лампата"
Aladdin refused to do this until he was out of the cave
Аладин отказа да направи това, докато не излезе от пещерата
The magician flew into a terrible rage
Магьосникът изпадна в ужасна ярост
he threw some more powder on to the fire
той хвърли още малко прах в огъня
and then he cast another magic spell
и след това той хвърли друго магическо заклинание
and the stone rolled back into its place
и камъкът се търкулна обратно на мястото си
The magician left Persia for ever
Магьосникът напуснал Персия завинаги
this plainly showed that he was no uncle of Aladdin's
това ясно показва, че той не е чичо на Аладин
what he really was was a cunning magician
това, което той всъщност беше, беше хитър магьосник
a magician who had read of a magic lamp
магьосник, който е чел за магическа лампа
a magic lamp which would make him the most powerful man in the world
вълшебна лампа, която ще го направи най-могъщият човек на света
but he alone knew where to find the magic lamp
но само той знаеше къде да намери вълшебната лампа
and he could only receive the magic lamp from the hand of another
и той можеше да получи вълшебната лампа само от ръката на друг
He had picked out the foolish Aladdin for this purpose
Той беше избрал глупавия Аладин за тази цел
he had intended to get the magical lamp and kill him

afterwards
възнамеряваше да вземе магическата лампа и след това да го убие
For two days Aladdin remained in the dark
Два дни Аладин остана на тъмно
he cried and lamented his situation
той плачеше и оплакваше положението си
At last he clasped his hands in prayer
Най-после той сключи ръце за молитва
and in so doing he rubbed the ring
и при това той потърка пръстена
the magician had forgotten to take the ring back from him
магьосникът беше забравил да вземе пръстена обратно от него
Immediately an enormous and frightful genie rose out of the earth
Веднага огромен и страшен джин се издигна от земята
"What would thou have me do?"
„Какво искаш да направя?"
"I am the Slave of the Ring"
"Аз съм робът на пръстена"
"and I will obey thee in all things"
"и ще ти се подчинявам във всичко"
Aladdin fearlessly replied: "Deliver me from this place!"
Аладин безстрашно отговори: "Избави ме от това място!"
and the earth opened above him
и земята се отвори над него
and he found himself outside
и той се озова навън
As soon as his eyes could bear the light he went home
Щом очите му можеха да понесат светлината, той се прибра у дома
but he fainted when he got there
но той припадна, когато стигна там
When he came to himself he told his mother what had happened
Когато дошъл на себе си, разказал на майка си какво се е

случило
and he showed her the lamp
и той й показа лампата
and he showed her the fruits he had gathered in the garden
и той й показа плодовете, които беше събрал в градината
the fruits were, in reality, precious stones
плодовете всъщност бяха скъпоценни камъни
He then asked for some food
След това поиска малко храна
"Alas! child," she said
"Уви! дете", каза тя
"I have no food in the house"
"Нямам храна в къщата"
"but I have spun a little cotton"
"но аз изпредах малко памук"
"and I will go and sell the cotton"
"и аз ще отида да продам памука"
Aladdin bade her keep her cotton
Аладин й нареди да запази памука си
he told her he would sell the magic lamp instead of the cotton
той й каза, че ще продаде вълшебната лампа вместо памука
As it was very dirty she began to rub the magic lamp
Тъй като беше много мръсна, тя започна да търка вълшебната лампа
a clean magic lamp might fetch a higher price
чиста магическа лампа може да достигне по-висока цена
Instantly a hideous genie appeared
Моментално се появи отвратителен джин
he asked what she would like to have
той попита какво би искала да има
at the sight of the genie she fainted
при вида на джина тя припадна
but Aladdin, snatching the magic lamp, said boldly:
но Аладин, грабвайки вълшебната лампа, каза смело:
"Fetch me something to eat!"

— Донеси ми нещо за ядене!
The genie returned with a silver bowl
Джинът се върна със сребърна купа
he had twelve silver plates containing rich meats
той имаше дванадесет сребърни чинии, съдържащи богато месо
and he had two silver cups and two bottles of wine
и имаше две сребърни чаши и две бутилки вино
Aladdin's mother, when she came to herself, said:
Майката на Аладин, когато дойде на себе си, каза:
"Whence comes this splendid feast?"
— Откъде идва този прекрасен празник?
"Ask not where this food came from, but eat, mother," replied Aladdin
"Не питай откъде е тази храна, но яж, майко", отговори Аладин
So they sat at breakfast till it was dinner-time
И така, те седяха на закуска, докато дойде време за вечеря
and Aladdin told his mother about the magic lamp
и Аладин разказал на майка си за вълшебната лампа
She begged him to sell the magic lamp
Тя го помоли да продаде вълшебната лампа
"let us have nothing to do with devils"
"нека нямаме нищо общо с дяволите"
but Aladdin had thought it would be wiser to use the magic lamp
но Аладин беше помислил, че ще бъде по-разумно да използва вълшебната лампа
"chance hath made us aware of the magic lamp's virtues"
"случайността ни накара да осъзнаем добродетелите на вълшебната лампа"
"we will use the magic lamp, and we will use the ring"
"ще използваме вълшебната лампа и ще използваме пръстена"
"I shall always wear the ring on my finger"
"Винаги ще нося пръстена на пръста си"
When they had eaten all the genie had brought, Aladdin

sold one of the silver plates
Когато изядоха всичко, което джинът донесе, Аладин продаде една от сребърните чинии
and when he needed money again he sold the next plate
и когато отново се нуждаеше от пари, продаваше следващата чиния
he did this until no plates were left
той направи това, докато не останаха никакви чинии
He then made another wish to the genie
След това отправи друго желание към джина
and the genie gave him another set of plates
и джинът му даде друг комплект чинии
and in this way they lived for many years
и по този начин те живяха много години
One day Aladdin heard an order from the Sultan
Един ден Аладин чул заповед от султана
everyone was to stay at home and close their shutters
всички трябваше да си останат вкъщи и да затворят кепенците си
the Princess was going to and from her bath
принцесата отиваше и се връщаше от банята си
Aladdin was seized by a desire to see her face
Аладин беше обзет от желание да види лицето й
although it was very difficult to see her face
въпреки че беше много трудно да се види лицето й
because everywhere she went she wore a veil
защото навсякъде, където отиде, тя носеше воал
He hid himself behind the door of the bath
Той се скри зад вратата на банята
and he peeped through a chink in the door
и той надникна през процепа на вратата
The Princess lifted her veil as she went in to the bath
Принцесата вдигна воала си, когато влезе в банята
and she looked so beautiful that Aladdin instantly fell in love with her
и изглеждаше толкова красива, че Аладин моментално се влюби в нея

He went home so changed that his mother was frightened
Той се прибра вкъщи толкова променен, че майка му се изплаши
He told her he loved the Princess so deeply that he could not live without her
Той й каза, че обича принцесата толкова дълбоко, че не може да живее без нея
and he wanted to ask her in marriage of her father
и той искаше да я омъжи за баща й
His mother, on hearing this, burst out laughing
Майка му, като чу това, избухна в смях
but Aladdin finally convinced her to go to the Sultan
но Аладин най-накрая я убеди да отиде при султана
and she was going to carry his request
и тя щеше да изпълни молбата му
She fetched a napkin and laid in it the magic fruits
Тя донесе салфетка и сложи в нея вълшебните плодове
the magic fruits from the enchanted garden
вълшебните плодове от омагьосаната градина
the fruits sparkled and shone like the most beautiful jewels
плодовете искряха и блестяха като най-красивите бижута
She took the magic fruits with her to please the Sultan
Тя взела вълшебните плодове със себе си, за да зарадва султана
and she set out, trusting in the lamp
и тя тръгна, уповавайки се на лампата
The Grand Vizier and the lords of council had just gone into the palace
Великият везир и лордовете на съвета току-що бяха влезли в двореца
and she placed herself in front of the Sultan
и тя се постави пред султана
He, however, took no notice of her
Той обаче не й обърна внимание
She went every day for a week
Тя ходеше всеки ден в продължение на една седмица
and she stood in the same place

и тя застана на същото място

When the council broke up on the sixth day the Sultan said to his Vizier:

Когато съветът се разпусна на шестия ден, султанът каза на своя везир:

"I see a certain woman in the audience-chamber every day"

„Виждам определена жена в залата за аудиенции всеки ден"

"she is always carrying something in a napkin"

"тя винаги носи нещо в салфетка"

"Call her to come to us, next time"

„Обади й се да дойде при нас следващия път"

"so that I may find out what she wants"

"за да мога да разбера какво иска"

Next day the Vizier gave her a sign

На следващия ден везирът й даде знак

she went up to the foot of the throne

тя се изкачи до подножието на трона

and she remained kneeling till the Sultan spoke to her

и тя остана коленичила, докато султанът не й заговори

"Rise, good woman, tell me what you want"

"Стани, добра жено, кажи ми какво искаш"

She hesitated, so the Sultan sent away all but the Vizier

Тя се поколеба, затова султанът отпрати всички освен везира

and he bade her to speak frankly

и той я помоли да говори откровено

and he promised to forgive her for anything she might say

и той обеща да й прости всичко, което би казала

She then told him of her son's great love for the Princess

Тогава тя му разказала за голямата любов на сина си към принцесата

"I prayed for him to forget her," she said

„Молех се той да я забрави", каза тя

"but my prayers were in vain"

"но молитвите ми бяха напразни"

"he threatened to do some desperate deed if I refused to go"

"той заплаши, че ще направи някакво отчаяно дело, ако откажа да отида"
"and so I ask your Majesty for the hand of the Princess"
"и затова моля Ваше Величество за ръката на принцесата"
"but now I pray you to forgive me"
"но сега се моля да ми простиш"
"and I pray that you forgive my son Aladdin"
"и се моля да простиш на сина ми Аладин"
The Sultan asked her kindly what she had in the napkin
Султанът любезно я попитал какво има в салфетката
so she unfolded the napkin
така че тя разгъна салфетката
and she presented the jewels to the Sultan
и тя подари бижутата на султана
He was thunderstruck by the beauty of the jewels
Той беше поразен от красотата на бижутата
and he turned to the Vizier and asked, "What sayest thou?"
и той се обърна към везира и попита: "Какво казваш?"
"Ought I not to bestow the Princess on one who values her at such a price?"
— Не трябва ли да дам принцесата на този, който я цени на такава цена?
The Vizier wanted her for his own son
Везирът я искал за свой син
so he begged the Sultan to withhold her for three months
затова той моли султана да я задържи три месеца
perhaps within the time his son would contrive to make a richer present
може би в рамките на времето, когато синът му ще успее да направи по-богат подарък
The Sultan granted the wish of his Vizier
Султанът изпълнил желанието на своя везир
and he told Aladdin's mother that he consented to the marriage
и той каза на майката на Аладин, че е съгласен на брака
but she was not allowed appear before him again for three months

но не й беше позволено да се яви пред него отново в продължение на три месеца
Aladdin waited patiently for nearly three months
Аладин чака търпеливо близо три месеца
after two months had elapsed his mother went to go to the market
след два месеца майка му отиде да отиде на пазар
she was going into the city to buy oil
отиваше в града да купи масло
when she got to the market she found every one rejoicing
когато стигна до пазара, завари всички да се радват
so she asked what was going on
затова тя попита какво става
"Do you not know?" was the answer
— Ти не знаеш ли? беше отговорът
"the son of the Grand Vizier is to marry the Sultan's daughter tonight"
"синът на великия везир трябва да се ожени за дъщерята на султана тази вечер"
Breathless, she ran and told Aladdin
Задъхана, тя изтича и каза на Аладин
at first Aladdin was overwhelmed
отначало Аладин беше поразен
but then he thought of the magic lamp and rubbed it
но тогава се сети за вълшебната лампа и я потърка
once again the genie appeared out of the lamp
отново духът се появи от лампата
"What is thy will?" asked the genie
— Каква е твоята воля? попита джинът
"The Sultan, as thou knowest, has broken his promise to me"
"Султанът, както знаете, наруши обещанието си към мен"
"the Vizier's son is to have the Princess"
"синът на везира ще има принцесата"
"My command is that tonight you bring the bride and bridegroom"
„Моята заповед е тази вечер да доведеш булката и младоженеца"

"Master, I obey," said the genie
„Учителю, подчинявам се", каза джинът
Aladdin then went to his chamber
След това Аладин отиде в стаята си
sure enough, at midnight the genie transported a bed
разбира се, в полунощ джинът транспортира легло
and the bed contained the Vizier's son and the Princess
а леглото съдържаше сина на везира и принцесата
"Take this new-married man, genie," he said
„Вземете този новоженен мъж, духче", каза той
"put him outside in the cold for the night"
"оставете го навън на студено за през нощта"
"then return the couple again at daybreak"
"след това върнете двойката отново на разсъмване"
So the genie took the Vizier's son out of bed
Така джинът вдигнал сина на везира от леглото
and he left Aladdin with the Princess
и той остави Аладин с принцесата
"Fear nothing," Aladdin said to her, "you are my wife"
"Не се бой от нищо", каза й Аладин, "ти си моя жена"
"you were promised to me by your unjust father"
"ти ми беше обещан от твоя несправедлив баща"
"and no harm shall come to you"
"и никаква вреда няма да ви сполети"
The Princess was too frightened to speak
Принцесата беше твърде уплашена, за да говори
and she passed the most miserable night of her life
и тя прекара най-жалката нощ в живота си
although Aladdin lay down beside her and slept soundly
въпреки че Аладин легна до нея и заспа дълбоко
At the appointed hour the genie fetched in the shivering bridegroom
В уречения час джинът прибра треперещия младоженец
he laid him in his place
той го постави на мястото му
and he transported the bed back to the palace
и той пренесе леглото обратно в двореца

Presently the Sultan came to wish his daughter good-morning
В момента султанът дойде да пожелае добро утро на дъщеря си
The unhappy Vizier's son jumped up and hid himself
Нещастният везирски син скочи и се скри
and the Princess would not say a word
и принцесата не искаше да каже нито дума
and she was very sorrowful
и тя беше много тъжна
The Sultan sent her mother to her
Султанът изпратил майка й при нея
"Why will you not speak to your father, child?"
— Защо не говориш с баща си, дете?
"What has happened?" she asked
— Какво е станало? – попита тя
The Princess sighed deeply
Принцесата въздъхна дълбоко
and at last she told her mother what had happened
и накрая разказала на майка си какво се е случило
she told her how the bed had been carried into some strange house
тя й разказа как леглото е било пренесено в някаква чужда къща
and she told of what had happened in the house
и тя разказа за случилото се в къщата
Her mother did not believe her in the least
Майка й ни най-малко не й повярвала
and she bade her to consider it an idle dream
и тя й нареди да го смята за празен сън
The following night exactly the same thing happened
На следващата нощ се случи абсолютно същото
and the next morning the princess wouldn't speak either
и на следващата сутрин принцесата също не проговори
on the Princess's refusal to speak, the Sultan threatened to cut off her head
при отказа на принцесата да говори, султанът я заплашил,

че ще й отреже главата
She then confessed all that had happened
Тогава тя призна всичко, което се е случило
and she bid him to ask the Vizier's son
и тя му нареди да попита сина на везира
The Sultan told the Vizier to ask his son
Султанът казал на везира да попита сина му
and the Vizier's son told the truth
и синът на везира каза истината
he added that he dearly loved the Princess
той добави, че много обича принцесата
"but I would rather die than go through another such fearful night"
"но бих предпочел да умра, отколкото да преживея още една такава страшна нощ"
and he wished to be separated from her, which was granted
и той пожела да се раздели с нея, което беше удовлетворено
and then there was an end to the feasting and rejoicing
и тогава беше край на пиршеството и веселбата
then the three months were over
тогава трите месеца свършиха
Aladdin sent his mother to remind the Sultan of his promise
Аладин изпрати майка си да напомни на султана за обещанието му
She stood in the same place as before
Тя стоеше на същото място, както преди
the Sultan had forgotten Aladdin
султанът беше забравил Аладин
but at once he remembered him again
но веднага си спомни отново за него
and he asked for her to come to him
и той я помоли да дойде при него
On seeing her poverty the Sultan felt less inclined than ever to keep his word
Като видя бедността й, султанът се почувства по-малко склонен от всякога да удържи на думата си

and he asked his Vizier's advice
и поиска съвет от своя везир
he counselled him to set a high value on the Princess
той го посъветва да оцени високо принцесата
a price so high that no man alive could come afford her
цена, толкова висока, че никой жив мъж не може да си я позволи
The Sultan then turned to Aladdin's mother, saying:
Тогава султанът се обърна към майката на Аладин, казвайки:
"**Good woman, a Sultan must remember his promises**"
"Добра жена, султанът трябва да помни обещанията си"
"**and I will remember my promise**"
"и ще помня обещанието си"
"**but your son must first send me forty basins of gold**"
"но вашият син трябва първо да ми изпрати четиридесет легена злато"
"**and the gold basins must be full of jewels**"
"и златните басейни трябва да са пълни със скъпоценни камъни"
"**and they must be carried by forty black camels**"
"и те трябва да бъдат носени от четиридесет черни камили"
"**and in front of each black camel there is to be a white camel**"
"и пред всяка черна камила трябва да има бяла камила"
"**and all the camels are to be splendidly dressed**"
"и всички камили трябва да бъдат великолепно облечени"
"**Tell him that I await his answer**"
"Кажи му, че чакам отговора му"
The mother of Aladdin bowed low
Майката на Аладин се поклони ниско
and then she went home
и след това тя се прибра вкъщи
although she thought all was lost
въпреки че си мислеше, че всичко е загубено
She gave Aladdin the message

Тя предаде съобщението на Аладин
and she added, "He may wait long enough for your answer!"
и тя добави: „Той може да чака достатъчно дълго за вашия отговор!"
"Not so long as you think, mother," her son replied
— Не толкова дълго, колкото си мислиш, майко — отвърна синът й
"I would do a great deal more than that for the Princess"
„Бих направил много повече от това за принцесата"
and he summoned the genie again
и той отново извика джина
and in a few moments the eighty camels arrived
и след няколко минути осемдесетте камили пристигнаха
and they took up all space in the small house and garden
и те заемаха цялото пространство в малката къща и градина
Aladdin made the camels set out to the palace
Аладин накара камилите да тръгнат към двореца
and the camels were followed by his mother
и камилите бяха последвани от майка му
The camels were very richly dressed
Камилите бяха много богато облечени
and splendid jewels were on the girdles of the camels
и великолепни скъпоценни камъни имаше на поясите на камилите
and everyone crowded around to see the camels
и всички се тълпяха наоколо, за да видят камилите
and they saw the basins of gold the camels carried on their backs
и те видяха легените със злато, които камилите носеха на гърба си
They entered the palace of the Sultan
Влязоха в двореца на султана
and the camels kneeled before him in a semi circle
и камилите коленичиха пред него в полукръг
and Aladdin's mother presented the camels to the Sultan
и майката на Аладин подарява камилите на султана

He hesitated no longer, but said:
Той не се поколеба повече, а каза:
"Good woman, return to your son"
"Добра жена, върни се при сина си"
"tell him that I wait for him with open arms"
"кажи му, че го чакам с отворени обятия"
She lost no time in telling Aladdin
Тя без да губи време каза на Аладин
and she bid him to make haste
и тя му каза да побърза
But Aladdin first called for the genie
Но Аладин първо повика джина
"I want a scented bath," he said
— Искам ароматизирана вана — каза той
"and I want a horse more beautiful than the Sultan's"
"И аз искам кон по-красив от този на султана"
"and I want twenty servants to attend to me"
"и искам двадесет слуги да се грижат за мен"
"and I also want six beautifully dressed servants to wait on my mother"
"и също искам шест красиво облечени слуги да прислужват на майка ми"
"and lastly, I want ten thousand pieces of gold in ten purses"
"и накрая, искам десет хиляди жълтици в десет кесии"
No sooner had he said what he wanted and it was done
Веднага щом беше казал какво иска и това беше направено
Aladdin mounted his beautiful horse
Аладин възседна красивия си кон
and he passed through the streets
и той минаваше по улиците
the servants cast gold into the crowd as they went
слугите хвърляха злато в тълпата, докато вървяха
Those who had played with him in his childhood knew him not
Тези, които са играли с него в детството му, не го познават
he had grown very handsome
беше станал много красив

When the Sultan saw him he came down from his throne
Когато султанът го видя, слезе от трона си
he embraced his new son-in-law with open arms
той прегърна новия си зет с отворени обятия
and he led him into a hall where a feast was spread
и той го заведе в една зала, където беше устроен пир
he intended to marry him to the Princess that very day
възнамеряваше да го ожени за принцесата още същия ден
But Aladdin refused to marry straight away
Но Аладин веднага отказа да се ожени
"first I must build a palace fit for the princess"
"Първо трябва да построя дворец, подходящ за принцесата"
and then he took his leave
и след това си тръгна
Once home, he said to the genie:
След като се прибра, той каза на джина:
"Build me a palace of the finest marble"
"Построй ми дворец от най-фин мрамор"
"set the palace with jasper, agate, and other precious stones"
"поставете двореца с яспис, ахат и други скъпоценни камъни"
"In the middle of the palace you shall build me a large hall with a dome"
"В средата на двореца ще ми построите голяма зала с купол"
"the four walls of the hall will be of masses of gold and silver"
"четирите стени на залата ще бъдат от маса злато и сребро"
"and each wall will have six windows"
"и всяка стена ще има шест прозореца"
"and the lattices of the windows will be set with precious jewels"
"и решетките на прозорците ще бъдат украсени със скъпоценни камъни"
"but there must be one window that is not decorated"

"но трябва да има един прозорец, който не е украсен"
"go see that it gets done!"
"иди и виж, че ще стане!"
The palace was finished by the next day
Дворецът беше завършен на следващия ден
the genie carried him to the new palace
джинът го отнесе в новия дворец
and he showed him how all his orders had been faithfully carried out
и той му показа как всичките му заповеди са вярно изпълнени
even a velvet carpet had been laid from Aladdin's palace to the Sultan's
дори кадифен килим беше постлан от двореца на Аладин до султана
Aladdin's mother then dressed herself carefully
След това майката на Аладин се облече внимателно
and she walked to the palace with her servants
и тя тръгна към двореца със своите слуги
and Aladdin followed her on horseback
и Аладин я последва на кон
The Sultan sent musicians with trumpets and cymbals to meet them
Султанът изпратил музиканти с тръби и чинели да ги посрещнат
so the air resounded with music and cheers
така че въздухът ехтеше от музика и възгласи
She was taken to the Princess, who saluted her
Тя беше отведена при принцесата, която я поздрави
and she treated her with great honour
и тя се отнасяше към нея с голяма чест
At night the Princess said good-bye to her father
През нощта принцесата се сбогува с баща си
and she set out on the carpet for Aladdin's palace
и тя тръгна по килима към двореца на Аладин
his mother was at her side
майка му беше до нея

and they were followed by their entourage of servants
и те бяха последвани от антуража им от слуги
She was charmed at the sight of Aladdin
Тя беше очарована при вида на Аладин
and Aladdin ran to receive her into the palace
и Аладин изтича да я приеме в двореца
"Princess," he said, "blame your beauty for my boldness"
"Принцесо", каза той, "обвинявай красотата си за смелостта ми"
"I hope I have not displeased you"
„Надявам се, че не съм те разочаровал"
she said she willingly obeyed her father in this matter
тя каза, че с готовност се подчинява на баща си по този въпрос
because she had seen that he is handsome
защото беше видяла, че е красив
After the wedding had taken place Aladdin led her into the hall
След като сватбата се състоя, Аладин я заведе в залата
a great feast was spread out in the hall
в залата беше устроен голям празник
and she supped with him
и тя вечеря с него
after eating they danced till midnight
след ядене танцуваха до полунощ
The next day Aladdin invited the Sultan to see the palace
На следващия ден Аладин поканил султана да види двореца
they entered the hall with the four-and-twenty windows
влязоха в залата с двадесет и четири прозореца
the windows were decorated with rubies, diamonds, and emeralds
прозорците бяха украсени с рубини, диаманти и изумруди
he cried, "The palace is one of the wonders of the world!"
той извика: "Дворецът е едно от чудесата на света!"
"There is only one thing that surprises me"

"Има само едно нещо, което ме изненадва"
"Was it by accident that one window was left unfinished?"
„Случайно единият прозорец остана недовършен?
"No, sir, it was done so by design," replied Aladdin
„Не, сър, така е направено по план", отвърна Аладин
"I wished your Majesty to have the glory of finishing this palace"
„Пожелах на Ваше Величество да има славата да завърши този дворец"
The Sultan was pleased to be given this honour
Султанът беше доволен от тази чест
and he sent for the best jewellers in the city
и той изпрати да повикат най-добрите бижутери в града
He showed them the unfinished window
Той им показа недовършения прозорец
and he bade them to decorate the window like the others
и им заръча да украсят прозореца като другите
"Sir," replied their spokesman
„Сър", отговори техният говорител
"we cannot find enough jewels"
"не можем да намерим достатъчно бижута"
so the Sultan had his own jewels fetched
така че султанът наредил да донесат собствените си бижута
but those jewels were soon used up too
но и тези скъпоценности скоро бяха изразходвани
even after a month's time the work was not half done
дори и след месец работа работата не беше наполовина свършена
Aladdin knew that their task was impossible
Аладин знаеше, че задачата им е невъзможна
he bade them to undo their work
той им нареди да отменят работата си
and he bade them to carry the jewels back
и той им нареди да занесат скъпоценностите обратно
the genie finished the window at his command
джинът довърши прозореца по негова команда
The Sultan was surprised to receive his jewels again

Султанът беше изненадан да получи отново своите бижута
he visited Aladdin, who showed him the finished window
той посети Аладин, който му показа готовия прозорец
and the Sultan embraced his son in law
и султанът прегърнал зет си
meanwhile, the envious Vizier suspected the work of enchantment
междувременно завистливият везир заподозря действието на омагьосването
Aladdin had won the hearts of the people by his gentle manner
Аладин беше спечелил сърцата на хората с нежния си маниер
He was made captain of the Sultan's armies
Той е назначен за капитан на султанските войски
and he won several battles for his army
и той спечели няколко битки за своята армия
but he remained as modest and courteous as before
но той си остана скромен и учтив както преди
in this way he lived in peace and content for several years
по този начин той живял в мир и доволен няколко години
But far away in Africa the magician remembered Aladdin
Но далеч в Африка магьосникът си спомни Аладин
and by his magic arts he discovered Aladdin hadn't perished in the cave
и чрез своите магически изкуства той откри, че Аладин не е загинал в пещерата
but instead of perishing, he had escaped and married the princess
но вместо да загине, той избяга и се ожени за принцесата
and now he was living in great honour and wealth
и сега той живееше в голяма чест и богатство
He knew that the poor tailor's son could only have accomplished this by means of the magic lamp
Той знаеше, че синът на бедния шивач би могъл да постигне това само с помощта на вълшебната лампа
and he travelled night and day until he reached the city

и пътуваше ден и нощ, докато стигна до града
he was bent on making sure of Aladdin's ruin
той беше решен да се увери в гибелта на Аладин
As he passed through the town he heard people talking
Докато минаваше през града, чу хората да говорят
all they could talk about was the marvellous palace
всичко, за което можеха да говорят, беше прекрасният дворец
"Forgive my ignorance," he asked
— Простете ми невежеството — помоли той
"what is this palace you speak of?"
"Какъв е този дворец, за който говориш?"
"Have you not heard of Prince Aladdin's palace?" was the reply
— Не сте ли чували за двореца на принц Аладин? беше отговорът
"the palace is one of the greatest wonders of the world"
"дворецът е едно от най-големите чудеса на света"
"I will direct you to the palace, if you would like to see it"
„Ще ви насоча към двореца, ако искате да го видите"
The magician thanked him for bringing him to the palace
Магьосникът му благодарил, че го е довел в двореца
and having seen the palace, he knew that it had been built by the Genie of the Lamp
и след като видя двореца, той разбра, че е построен от Джина на лампата
this made him half mad with rage
това го накара да полудее от ярост
He was determined to get hold of the magic lamp
Беше твърдо решен да се сдобие с вълшебната лампа
and he was going to plunge Aladdin into the deepest poverty again
и той отново щеше да хвърли Аладин в най-дълбоката бедност
Unluckily, Aladdin had gone on a hunting trip for eight days
За нещастие Аладин беше отишъл на лов за осем дни

this gave the magician plenty of time
това даде на магьосника достатъчно време
He bought a dozen copper lamps
Той купи дузина медни лампи
and he put the copper lamps into a basket
и сложи медните светилници в една кошница
and then he went to the palace
и след това отиде в двореца
"New lamps for old lamps!" he exclaimed
"Нови лампи за стари лампи!" — възкликна той
and he was followed by a jeering crowd
и той беше последван от подигравателна тълпа
The Princess was sitting in the hall of four-and-twenty windows
Принцесата седеше в залата с двадесет и четири прозореца
she sent a servant to find out what the noise was about
тя изпрати слуга да разбере от какво е този шум
the servant came back laughing so much that the Princess scolded her
слугата се върна, смеейки се толкова много, че принцесата й се скара
"Madam," replied the servant
— Госпожо — отговори слугата
"who can help but laughing when you see such a thing?"
"кой може да не се смее, когато види такова нещо?"
"an old fool is offering to exchange fine new lamps for old lamps"
"стар глупак предлага да размени хубави нови лампи за стари лампи"
Another servant, hearing this, spoke up
Друг слуга, като чу това, проговори
"There is an old lamp on the cornice which he can have"
„На корниза има стара лампа, която той може да вземе"
this, of course, was the magic lamp
това, разбира се, беше вълшебната лампа
Aladdin had left the magic lamp there, as he could not take

- 27 -

it with him
Аладин беше оставил вълшебната лампа там, тъй като не можеше да я вземе със себе си
The Princess didn't know know the lamp's value
Принцесата не знаела стойността на лампата
laughingly, she bade the servant to exchange the magic lamp
смеейки се, тя нареди на слугата да размени вълшебната лампа
the servant took the lamp to the magician
слугата занесе лампата на магьосника
"Give me a new lamp for this lamp," she said
„Дайте ми нова лампа за тази лампа", каза тя
He snatched the lamp and bade the servant to pick another lamp
Той грабна лампата и нареди на слугата да избере друга лампа
and the entire crowd jeered at the sight
и цялата тълпа се подиграваше на гледката
but the magician cared little for the crowd
но на магьосника не му пукаше много за тълпата
he left the crowd with the magic lamp he had set out to get
той остави тълпата с вълшебната лампа, която беше решил да вземе
and he went out of the city gates to a lonely place
и той излезе през градските порти на уединено място
there he remained till nightfall
там той остана до свечеряване
and at nightfall he pulled out the magic lamp and rubbed it
а на свечеряване той извади вълшебната лампа и я потърка
The genie appeared to the magician
Джинът се яви на магьосника
and the magician made his command to the genie
и магьосникът даде своята команда на джина
"carry me, the princess, and the palace to a lonely place in Africa"
"занеси мен, принцесата и двореца на самотно място в

Африка"

Next morning the Sultan looked out of the window toward Aladdin's palace
На следващата сутрин султанът погледна през прозореца към двореца на Аладин
and he rubbed his eyes when he saw the palace was gone
и той потърка очи, когато видя, че дворецът го няма
He sent for the Vizier and asked what had become of the palace
Изпратил да повикат везира и попитал какво е станало с двореца
The Vizier looked out too, and was lost in astonishment
Везирът също погледна навън и остана учуден
He again put the events down to enchantment
Той отново остави събитията на омагьосване
and this time the Sultan believed him
и този път султанът му повярва
he sent thirty men on horseback to fetch Aladdin in chains
той изпрати тридесет мъже на коне да доведат Аладин, окован във вериги
They met him riding home
Срещнаха го да язди към дома
they bound him and forced him to go with them on foot
вързали го и го принудили да върви с тях пеша
The people, however, who loved him, followed them to the palace
Хората обаче, които го обичаха, ги последваха в двореца
they would make sure that he came to no harm
те щяха да се уверят, че той няма да пострада
He was carried before the Sultan
Той беше отведен пред султана
and the Sultan ordered the executioner to cut off his head
и султанът заповядал на палача да отреже главата му
The executioner made Aladdin kneel down before a block of wood
Палачът накара Аладин да коленичи пред дървен блок
he bandaged his eyes so that he could not see

превърза очите си, за да не вижда
and he raised his scimitar to strike
и той вдигна ятагана си, за да удари
At that instant the Vizier saw the crowd had forced their way into the courtyard
В този момент везирът видя, че тълпата нахлу в двора
they were scaling the walls to rescue Aladdin
те се катереха по стените, за да спасят Аладин
so he called to the executioner to halt
затова извика на палача да спре
The people, indeed, looked so threatening that the Sultan gave way
Хората наистина изглеждаха толкова заплашителни, че султанът отстъпи
and he ordered Aladdin to be unbound
и той заповяда Аладин да бъде развързан
he pardoned him in the sight of the crowd
той го помилва пред очите на тълпата
Aladdin now begged to know what he had done
Сега Аладин молеше да разбере какво е направил
"False wretch!" said the Sultan, "come thither"
— Фалшив нещастник! казал султанът, "елате там"
he showed him from the window the place where his palace had stood
той му показа от прозореца мястото, където се издигаше неговият дворец
Aladdin was so amazed that he could not say a word
Аладин беше толкова изумен, че не можа да каже нито дума
"Where are my palace and my daughter?" demanded the Sultan
— Къде са моят дворец и моята дъщеря? — попита султанът
"For the palace I am not so deeply concerned"
„За двореца не съм толкова дълбоко загрижен"
"but my daughter I must have"
"но дъщеря ми трябва да имам"

"and you must find her, or lose your head"
"и трябва да я намериш или да загубиш главата си"
Aladdin begged to be granted forty days in which to find her
Аладин моли да му бъдат дадени четиридесет дни, за да я намери
he promised that if he failed he would return
той обеща, че ако не успее, ще се върне
and on his return he would suffer death at the Sultan's pleasure
и при завръщането си щеше да претърпи смърт по желание на султана
His prayer was granted by the Sultan
Молитвата му била изпълнена от султана
and he went forth sadly from the Sultan's presence
и той излезе тъжен от присъствието на султана
For three days he wandered about like a madman
Три дни се скиташе като обезумял
he asked everyone what had become of his palace
той попита всички какво е станало с неговия дворец
but they only laughed and pitied him
но те само се смееха и го съжаляваха
He came to the banks of a river
Стигна до брега на една река
he knelt down to say his prayers before throwing himself in
той коленичи, за да изрече молитвите си, преди да се хвърли
In so doing he rubbed the magic ring he still wore
Правейки това, той потърка вълшебния пръстен, който все още носеше
The genie he had seen in the cave appeared
Джинът, който беше видял в пещерата, се появи
and he asked him what his will was
и той го попита каква е неговата воля
"Save my life, genie," said Aladdin
„Спаси живота ми, джин", каза Аладин
"bring my palace back"

"върни ми двореца"
"That is not in my power," said the genie
"Това не е в моята власт", каза джинът
"I am only the Slave of the Ring"
"Аз съм само робът на пръстена"
"you must ask him for the magic lamp"
"трябва да го помолите за вълшебната лампа"
"that might be true," said Aladdin
„Това може да е вярно", каза Аладин
"but thou canst take me to the palace"
"но ти можеш да ме заведеш в двореца"
"set me down under my dear wife's window"
"постави ме под прозореца на моята скъпа жена"
He at once found himself in Africa
Веднага се озова в Африка
he was under the window of the Princess
той беше под прозореца на принцесата
and he fell asleep out of sheer weariness
и той заспа от чиста умора
He was awakened by the singing of the birds
Събуди го пеенето на птиците
and his heart was lighter than it was before
и сърцето му беше по-леко от преди
He saw that all his misfortunes were due to the loss of the magic lamp
Той видя, че всичките му нещастия се дължат на загубата на вълшебната лампа
and he vainly wondered who had robbed him of his magic lamp
и напразно се чудеше кой му е откраднал вълшебната лампа
That morning the Princess rose earlier than she normally
Тази сутрин принцесата стана по-рано от обикновено
once a day she was forced to endure the magicians company
веднъж на ден тя беше принудена да търпи компанията на магьосниците
She, however, treated him very harshly

Тя обаче се отнесе много грубо с него
so he dared not live with her in the palace
затова не посмя да живее с нея в двореца
As she was dressing, one of her women looked out and saw Aladdin
Докато се обличаше, една от жените й погледна навън и видя Аладин
The Princess ran and opened the window
Принцесата изтича и отвори прозореца
at the noise she made Aladdin looked up
при шума, който издаде, Аладин вдигна поглед
She called to him to come to her
Тя го извика да дойде при нея
it was a great joy for the lovers to see each other again
беше голяма радост за влюбените да се видят отново
After he had kissed her Aladdin said:
След като я целуна, Аладин каза:
"I beg of you, Princess, in God's name"
"Умолявам те, принцесо, в името на Бога"
"before we speak of anything else"
"преди да говорим за нещо друго"
"for your own sake and mine"
"за твое и мое добро"
"tell me what has become of the old lamp"
"кажи ми какво стана със старата лампа"
"I left the lamp on the cornice in the hall of four-and-twenty windows"
"Оставих лампата на корниза в антрето с двадесет и четири прозореца"
"Alas!" she said, "I am the innocent cause of our sorrows"
— Уви! тя каза: "Аз съм невинната причина за нашите скърби"
and she told him of the exchange of the magic lamp
и тя му каза за размяната на вълшебната лампа
"Now I know," cried Aladdin
"Сега знам", извика Аладин
"we have to thank the magician for this!"

"трябва да благодарим на магьосника за това!"
"Where is the magic lamp?"
"Къде е вълшебната лампа?"
"He carries the lamp about with him," said the Princess
— Той носи лампата със себе си — каза принцесата
"I know he carries the lamp with him"
"Знам, че носи лампата със себе си"
"because he pulled the lamp out of his breast pocket to show me"
"защото той извади лампата от джоба на гърдите си, за да ми покаже"
"and he wishes me to break my faith with you and marry him"
"и той иска да прекъсна вярата си с теб и да се омъжа за него"
"and he said you were beheaded by my father's command"
"и той каза, че си бил обезглавен по заповед на баща ми"
"He is always speaking ill of you"
"Той винаги говори лошо за теб"
"but I only reply with my tears"
"но аз отговарям само със сълзите си"
"If I can persist, I doubt not"
„Ако мога да устоя, не се съмнявам"
"but he will use violence"
"но той ще използва насилие"
Aladdin comforted his wife
Аладин утеши жена си
and he left her for a while
и той я остави за известно време
He changed clothes with the first person he met in town
Преобличаше се с първия срещнат в града
and having bought a certain powder, he returned to the Princess
и след като купи някакъв прах, той се върна при принцесата
the Princess let him in by a little side door
принцесата го пусна през малка странична врата

"Put on your most beautiful dress," he said to her
"Облечи най-красивата си рокля", каза й той
"receive the magician with smiles today"
"приемете магьосника с усмивки днес"
"lead him to believe that you have forgotten me"
"накарай го да повярва, че си ме забравил"
"Invite him to sup with you"
„Покани го да вечеря с теб"
"and tell him you wish to taste the wine of his country"
"и му кажи, че искаш да опиташ виното на неговата страна"
"He will be gone for some time"
„Той ще го няма за известно време"
"while he is gone I will tell you what to do"
"докато го няма, ще ти кажа какво да правиш"
She listened carefully to Aladdin
Тя слушаше внимателно Аладин
and when he left she arrayed herself beautifully
и когато той си тръгна, тя се облече красиво
she hadn't dressed like this since she had left her city
не се беше обличала така, откакто беше напуснала своя град
She put on a girdle and head-dress of diamonds
Тя си сложи колан и шапка с диаманти
she was more beautiful than ever
тя беше по-красива от всякога
and she received the magician with a smile
и тя прие магьосника с усмивка
"I have made up my mind that Aladdin is dead"
„Реших, че Аладин е мъртъв"
"my tears will not bring him back to me"
"Моите сълзи няма да го върнат при мен"
"so I am resolved to mourn no more"
"така че съм решен да не скърбя повече"
"therefore I invite you to sup with me"
"затова те каня да вечеряш с мен"
"but I am tired of the wines we have"

"но съм уморен от вината, които имаме"
"I would like to taste the wines of Africa"
„Бих искал да опитам вината на Африка"
The magician ran to his cellar
Магьосникът изтича до мазето си
and the Princess put the powder Aladdin had given her in her cup
и принцесата сложи в чашата си праха, който й беше дал Аладин
When he returned she asked him to drink to her health
Когато се върна, тя го помоли да пие за нейно здраве
and she handed him her cup in exchange for his
и тя му даде своята чаша в замяна на неговата
this was done as a sign to show she was reconciled to him
това беше направено като знак, за да покаже, че тя се е помирила с него
Before drinking the magician made her a speech
Преди да пие, магьосникът й произнесе реч
he wanted to praise her beauty
той искаше да възхвали нейната красота
but the Princess cut him short
но принцесата го прекъсна
"Let us drink first"
"Нека първо пием"
"and you shall say what you will afterwards"
"и ще кажеш каквото щеш после"
She set her cup to her lips and kept it there
Тя постави чашата до устните си и я задържа там
the magician drained his cup to the dregs
магьосникът пресуши чашата си до дъно
and upon finishing his drink he fell back lifeless
и след като допи питието си, падна назад безжизнен
The Princess then opened the door to Aladdin
След това принцесата отвори вратата на Аладин
and she flung her arms round his neck
и тя обви ръце около врата му
but Aladdin asked her to leave him

но Аладин я помоли да го остави
there was still more to be done
имаше още какво да се направи
He then went to the dead magician
След това отиде при мъртвия магьосник
and he took the lamp out of his vest
и той извади лампата от жилетката си
he bade the genie to carry the palace back
той нареди на джина да пренесе двореца обратно
the Princess in her chamber only felt two little shocks
принцесата в стаята си усети само два леки удара
in little time she was at home again
след малко тя отново беше у дома
The Sultan was sitting on his balcony
Султанът седеше на балкона си
he was mourning for his lost daughter
той скърбеше за изгубената си дъщеря
he looked up and had to rub his eyes again
той вдигна поглед и трябваше отново да разтърка очите си
the palace stood there as it had before
дворецът стоеше там както преди
He hastened over to the palace to see his daughter
Той бързо отиде в двореца, за да види дъщеря си
Aladdin received him in the hall of the palace
Аладин го посрещна в залата на двореца
and the princess was at his side
и принцесата беше до него
Aladdin told him what had happened
Аладин му разказал какво се е случило
and he showed him the dead body of the magician
и той му показа мъртвото тяло на магьосника
so that the Sultan would believe him
за да му повярва султанът
A ten days' feast was proclaimed
Беше обявен десетдневен празник
and it seemed as if Aladdin might now live the rest of his life in peace

и изглеждаше, че сега Аладин може да изживее остатъка от живота си в мир
but his life was not to be as peaceful as he had hoped
но животът му не беше толкова спокоен, колкото се надяваше
The African magician had a younger brother
Африканският магьосник имаше по-малък брат
he was maybe even more wicked and cunning than his brother
той може би беше дори по-зъл и хитър от брат си
He travelled to Aladdin to avenge his brother's death
Той пътува до Аладин, за да отмъсти за смъртта на брат си
he went to visit a pious woman called Fatima
той отиде да посети благочестива жена на име Фатима
he thought she might be of use to him
смяташе, че тя може да му бъде от полза
He entered her cell and put a dagger to her breast
Той влезе в килията й и опря кама в гърдите й
then he told her to rise and do his bidding
след това й каза да стане и да изпълни заповедта му
and if she didn't he said he would kill her
и ако не го направи, той каза, че ще я убие
He changed his clothes with her
Той смени дрехите си с нея
and he coloured his face like hers
и той оцвети лицето си като нейното
he put on her veil so that he looked just like her
той сложи воала й, така че да изглежда точно като нея
and finally he murdered her despite her compliance
и накрая той я уби въпреки нейното съгласие
so that she could tell no tales
за да не може да разказва приказки
Then he went towards the palace of Aladdin
След това тръгна към двореца на Аладин
all the people thought he was the holy woman
всички хора смятаха, че той е святата жена
they gathered round him to kiss his hands

те се събраха около него, за да му целунат ръцете
and they begged for his blessing
и те молеха за неговата благословия
When he got to the palace there was a great commotion around him
Когато стигнал до двореца, около него настъпила голяма суматоха
the princess wanted to know what all the noise was about
принцесата искаше да знае защо е целият този шум
so she bade her servant to look out of the window
затова тя нареди на слугата си да погледне през прозореца
and her servant asked what the noise was all about
и слугата й попита защо е този шум
she found out it was the holy woman causing the commotion
тя откри, че светата жена е причинила суматохата
she was curing people of their ailments by touching them
тя лекуваше хората от техните болести, като ги докосваше
the Princess had long desired to see Fatima
принцесата отдавна желаеше да види Фатима
so she got her servant to ask her into the palace
така че тя накара слугата си да я покани в двореца
and the false Fatima accepted the offer into the palace
и фалшивата Фатима прие предложението за двореца
the magician offered up a prayer for her health and prosperity
магьосникът отправи молитва за нейното здраве и просперитет
the Princess made him sit by her
принцесата го накара да седне до нея
and she begged him to stay with her
и тя го помоли да остане при нея
The false Fatima wished for nothing better
Фалшивата Фатима не пожела нищо по-добро
and she consented to the princess' wish
и тя се съгласи с желанието на принцесата
but he kept his veil down
но той държеше воала си спуснат

because he knew that he would be discovered otherwise
защото знаеше, че иначе ще го разкрият
The Princess showed him the hall
Принцесата му показа залата
and she asked him what he thought of the hall
и тя го попита какво мисли за залата
"It is a truly beautiful hall," said the false Fatima
„Това е наистина красива зала", каза фалшивата Фатима
"but in my mind your palace still wants one thing"
"но според мен вашият дворец все още иска едно нещо"
"And what is it that my palace is missing?" asked the Princess
"И какво е това, което липсва на моя дворец?" – попита принцесата
"If only a Roc's egg were hung up from the middle of this dome"
„Ако само едно яйце на Рок беше окачено от средата на този купол"
"then your palace would be the wonder of the world," he said
„тогава вашият дворец ще бъде чудото на света", каза той
After this the Princess could think of nothing but the Roc's egg
След това принцесата не можеше да мисли за нищо друго освен за яйцето на Рок
when Aladdin returned from hunting he found her in a very ill humour
когато Аладин се върна от лов, той я намери в много лошо настроение
He begged to know what was amiss
Той помоли да разбере какво не е наред
and she told him what had spoiled her pleasure
и тя му каза какво й е развалило удоволствието
"I'm made miserable for the want of a Roc's egg"
„Направен съм нещастен заради липсата на яйце на Roc"
"If that is all you want you shall soon be happy," replied Aladdin

"Ако това е всичко, което искаш, скоро ще бъдеш щастлив", отговори Аладин
he left her and rubbed the lamp
остави я и потърка лампата
when the genie appeared he commanded him to bring a Roc's egg
когато джинът се появи, той му заповяда да донесе яйце на Roc
The genie gave such a loud and terrible shriek that the hall shook
Джинът нададе такъв силен и ужасен писък, че залата се разтресе
"Wretch!" he cried, "is it not enough that I have done everything for you?"
— Нещастник! — извика той, — не е ли достатъчно, че направих всичко за теб?
"but now you command me to bring my master"
"но сега ми заповядвате да доведа господаря си"
"and you want me to hang him up in the midst of this dome"
"и искаш да го окача насред този купол"
"You and your wife and your palace deserve to be burnt to ashes"
„Ти, жена ти и дворецът ти заслужаваш да бъдеш изпепелен"
"but this request does not come from you"
"но тази молба не идва от вас"
"the demand comes from the brother of the magician"
"искането идва от брата на магьосника"
"the magician whom you have destroyed"
"магьосникът, когото сте унищожили"
"He is now in your palace disguised as the holy woman"
„Той сега е във вашия дворец, маскиран като святата жена"
"the real holy woman he has already murdered"
"истинската свята жена, която той вече е убил"
"it was him who put that wish into your wife's head"
"той беше този, който вложи това желание в главата на

жена ти"
"Take care of yourself, for he means to kill you"
"Пази се, защото той иска да те убие"
upon saying this, the genie disappeared
като каза това, джинът изчезна
Aladdin went back to the Princess
Аладин се върна при принцесата
he told her that his head ached
той й каза, че го боли главата
so she requested the holy Fatima to be fetched
затова тя поиска светата Фатима да бъде донесена
she could lay her hands on his head
тя можеше да сложи ръце на главата му
and his headache would be cured by her powers
и главоболието му щеше да бъде излекувано от нейните сили
when the magician came near Aladdin seized his dagger
когато магьосникът се приближи, Аладин грабна камата си
and he pierced him in the heart
и той го прониза в сърцето
"What have you done?" cried the Princess
— Какво направи? - извика принцесата
"You have killed the holy woman!"
— Вие убихте святата жена!
"It is not so," replied Aladdin
— Не е така — отвърна Аладин
"I have killed a wicked magician"
„Убих зъл магьосник"
and he told her of how she had been deceived
и той й разказа как е била измамена
After this Aladdin and his wife lived in peace
След това Аладин и жена му заживели в мир
He succeeded the Sultan when he died
Той наследява султана, когато той умира
he reigned over the kingdom for many years
той царува над кралството дълги години

and he left behind him a long lineage of kings
и той остави след себе си дълга линия от царе

        The End
        Краят

www.tranzlaty.com

www.ingramcontent.com/pod-product-compliance
Lightning Source LLC
Chambersburg PA
CBHW012009090526
44590CB00026B/3949